JN410119

소소한 하루

이 미 숙 시집

VOL · 7

교음사

시인의 말

풀잎에 시를 쓰면 시에서 풀향이 날까요?
바람에게 시를 쓰면 바람 소리가 날까요?
나무에게 시를 쓰면 나무가 자랄까요?

시의 씨앗을 심어 세상 밖으로 나오는 그 순간
나의 모든 감동 기쁨과 슬픔, 사랑과 이별
그 숨 막히는 한 자락까지 진실함이 묻어 나오는

시란 누구나 읽는 사람에게 편안하고 이해가 쉬운
사실적인 그대로의 느낌을 표현하여 때론
소리 지르고 그리움이 되는 한 자락 동화이고 싶습니다.

저의 미약한 글이 독자님들의 마음에 작은 감동으로
머물 수만 있다면 그게 저의 행복입니다.
앞으로 쉬지 않고 열심히 아름다운 글을 쓰겠습니다.
감사합니다.

2020년 10월에 저자 이미숙

1. 소소한 하루

2. 시인의 생각

3. 풀꽃의 사랑

4. 한 번쯤은

5. 벚꽃 양산

1

소소한 하루

연두의 곁

갈까 말까
갈까 말까
한참을 두 눈 비비면서
고민에 빠지는 새벽 시간

순간
벌떡 일어나
물 한 모금
스트레칭으로
잠을 깨웁니다

숲길에 들어서면
방금 전의 망설임을
바로 후회하면서
연두에게 사과합니다
미안해

연두연두 예쁜 아이
나를 예쁘게 해주고
한 치의 망설임도
순간의 잘못된 선택을

기쁨으로
나를 설레게 만든 아이

오늘도 난
연두의 마음과
연두의 생각을
사랑하는 예쁜 시인
바람이 되어
그네를 탑니다
연두의 곁에서

밥 먹었니

언덕 위에 하이얀 잎
너무너무 예뻐서 두 볼을 후빕니다
둘째 동생과 나 사이를
언제나 다독이는 언니 같은 꽃

오늘따라 두 볼이 넓죽하니 계란프라이
돌 틈 사이 하이얀 잎 백시루꽃 이쁜 꽃
이맘때쯤이면 울 엄니가 좋아하시는
이쁘디이쁜 배꽃이 핍니다

하얀 가루 뒤집어쓰고 어디선가 부르면서
금방이라도 튀어나오는 소리
밥 먹었니?

소소한 하루

세상에는 귀한 것들이 참 많습니다
어떤 이는 건강이라고 또 어떤 이는 돈이라고
또 어떤 이는 자식이라고도 하고
친구라고도 합니다

누구나 사연 없는
사연 한 자락씩은 다 있지요

숲속 창을 두드리는 아침 햇살
인사받으면서 맑은 공기 마시며 숲속 한 바퀴
그리운 사람 생각하고
나를 그리워하는 사람
생각해 보는 아침

평범하고 소소한 이 아침이
내겐 너무나 소중합니다

참 예쁜 봄

산과 들, 하늘과 햇살 나무가 좋아 바람이 좋아
내가 서 있는 곳 나의 숲속에는 온 세상이 초록입니다
눈앞에 꽃망울이 맺혀 있고
나무가 잎을 피우며 예쁘고 하얀 풀잎 같은
꽃잎들이 풍선처럼 부풀어 갑니다

그냥 갈 수가 없어 꽃을 피우는 고목나무를
보고 차마 그냥 돌아설 수가 없어
가던 길 멈추어서 마음자락을 나무자락에 걸어둡니다
난 어느새 산 도둑이 되어 꽃잎 하나 바람 하나
시 한 수 훔치고 눈부시도록 푸르른
나의 숲속에서 향기를 움켜쥡니다
개나리도 예쁘고 매화꽃도 예쁘고
노랑별 산수유도 정말 예쁩니다
나무야! 나도 봄처럼 예쁘니?
나무가 대답합니다
아니요! 봄이 더 예쁘답니다

기다림

사람들은 기다림 속에서 삽니다
기다림과 만남은 단짝 친구지요
우리들은 실상을 기다리기도 하고
이상을 기다리기도 합니다
기다림은 꿈이요 가슴을 다독이며
걷는 출렁다리이기도 합니다

사람들은 저마다 기대하는 것으로
방향을 틀고 기다림만큼
열매를 주렁주렁 맺지만
튼실하고 알찬 열매를 맺는 것은
각자의 몫입니다

오늘도 내일도 난 그 길목에서
기다림을 부여잡고
기다림을 생각하며
창가에 늘어진 장미 꽃잎을
한 잎 두 잎 세어봅니다
기다림의 숫자만큼

그 소녀

온 세상이 펑펑 꽃물 터지는 소리에
돌 틈 사이 작은 들꽃들이 기댈 곳을 잃어
밖으로 하나같이 튀어나옵니다

아, 무어라고 더이상의 표현을
할 수가 없습니다
너무나 아름답고 너무나 고와서

잠시 내 마음에게
예쁜 소릴 들려줍니다
펑펑 꽃망울 소리를

벚꽃 잎이 휘날리는 교정에서
양 갈래머리를 땋아 내리던
시집 한 권의 그 소녀가 보고 싶습니다

5월의 끝날

만물을 소생하게 했던
아름다운 봄날은
오월과 함께 이렇게 무심히
우리들의 곁을 떠나가려
하나 봅니다.

오월을 가정의 달이라고도 하고
신록의 계절이라고도 하고 장미의 계절이라고 하고
계절의 여왕이라고도 말들 하지만
오월은 사랑의 계절이 아닐까요

사랑의 계절 오월의 마지막 날
사랑의 마음으로는
모든 것이 긍정적으로 변하게 됩니다
희망의 빛을 보게 되고 목표가 생기고
부지런해지고 기쁨이 넘치고 모든 것들이 아름답게
보입니다

5월아
사랑의 달 5월아
잘 가렴

길 위에서

음악만 들어도 눈물이 나고
바다만 바라보아도 행복하고
파아란 하늘이 더없고
꽃잎만 봐도 마음이 뒤숭숭
감수성이 물씬 묻어나는
나이는 지났는데
세상이 아름다워 보이고
가슴이 뜨거워집니다

비행기 접듯이 접은
하늘 사이로 내가 보입니다
중년은 늙는 게 아니라 숙성되어
가장 맛있게 가장 달콤하게
익을수록 더 감칠맛이 나고
빛이 나며 아름답습니다

누구 탓만 하고
아까운 세월 다 보내고
툭하면 토라지고
가슴 아파하던 그때
그 시간이 부끄럽습니다

제비꽃의 진한 잉크색으로
내 마음을 감추고
새벽을 부여잡고
나무 뒤에 숨어 노래합니다

새벽 산책 그리고 버스킹

아직은 깜깜한데
새벽은 사랑하는 사람들이
하나 두울 모이기 시작합니다
하모니카를 사랑하는 사람들의 모임

어느 날 벚꽃 잎이 휘날리는
예쁘디예쁜 그 어느 날
화려하지도 크지도 않은
그녀의 방에서 난 그만
사랑에 푸욱 빠집니다

두 눈이 반짝반짝
코는 높지도 낮지도 않은
두 볼의 움직임은 알프스 소녀 하이디

정각 7시 되어 나뭇가지의 차렷 자세
저수지 잉어 아저씨의 구령 시작
한 줄 한 줄 마음속의 비밀을 풀어봅니다

버스킹의 신비로움이란
그녀의 미소 더하기

우리들의 사랑 한 스푼이면
최고의 새벽 산책이 아닐까요
곱고 아름다운 새벽 버스킹이었습니다

바람의 끝에서

어디선가 초록의 향기
가든 길 멈추어 한참을
두리번두리번
언덕 아래
노오란 나리꽃
바람 한 바구니

배낭 열어
꼭 눌러 잔뜩 채워서
두리번거리다
짊어지고 내려옵니다

혹 필요하신 분 계시면 연락주세요
무료입니다
오늘도 난 바람의 끝에서
서성입니다

그때

나뭇잎 배 통통통
온종일 울어 대던 개울가
푸른 나뭇잎 뙤약볕 아래
투덜거리며 첨벙이든
길고 긴 해 너무 짧다

투덜대며 애써 감추고
아쉬운 마음에 두리번
내일을 기약하며 돌아섰든
자그마한 오두막집 굴뚝 위로
연기 모락모락 피어오르니

허기진 배 움켜쥐고
장에 가신 울 엄마 기다리며
하늘이 자꾸만 어두워진다고
고사리손으로 밀어내고
내 동생 숙이와 함께 울던
그때

사랑으로

조금은
둥글지 않아도 괜찮습니다
부족한 모서리
다듬어 줄 수 있으니까

조금은
반듯하지 않아도 괜찮습니다
이지러진 한쪽
부축해 세워 줄 수 있으니까

조금은
어두워도 괜찮습니다
까만 불빛 촛불 하나로
환하게 밝혀 줄 수 있으니까

풍요롭지 않고 모자라도
사랑으로 채워주는
끝없는 가족들의 배려 안에
우리의 사랑이 자랍니다

오늘도

우린 그렇게
둥글고 네모와 세모 안에서
사랑으로 채웁니다

초록의 말

베란다의 봄꽃들이
서로 예쁘다고 폼잡습니다
유난히 못생긴 콩꽃에게
예쁘구나 아름답다 하고 말해요

요리조리 헤엄치는 아가 금붕어에게
힘내라 네가 최고야 하고 말해요
칭찬받는 아이처럼
금세 가지를 치고 힘차게 커 갑니다

더하기 빼기를 쩔쩔매는
우리 아가에게도
넌 최고야 넌 할 수 있단다
하고 말합니다

초록의 말 희망의 말
예쁜 말로 세상을
걸어가다 보면
금방 세상은 환해집니다

바람의 빛

구봉산 자락
한재터널 그 속에는
일 년 내내 바람이 분다

꽃잎이 피어날 때는
사정없이 차갑게 때리던 바람이
사랑의 속삭임 되어 금빛 물들이고

아가들 입학식 날에는
엄마의 품속처럼 포근한 바람이
등굣길 책가방 속에 꼬옥 숨는다

이 바람 저 바람
누가 뭐래도
요술쟁이의 바람만 하겠는가

오늘은 요술쟁이 바람의 빛으로
온 세상의 바이러스를
불어 버릴 수 있기를

이미

새소리 사르르
나뭇잎 와르르
청설모가 휘리릭
그 틈 사이로
초록의 연두 햇살이
반짝거립니다

아침은 숲속에서
마른 잎으로 젖어 있건만
모든 것들이 새로움으로
밀려듭니다

나 또한 지나온 길 위에서
서성인 듯하여도
어쩌면 모든 것들은
이미 시작인지 모른 것처럼

첫새벽

늘 새롭다
잠에서 깬
그 순간

잠시라도
맑은 영혼
첫새벽의 냄새
그 느낌이 참 좋다

어제의 수고
지난밤에 모두 다 지우고
하나둘 다시
하루를 시작한다

하루의 삶이
늘 새벽처럼
새로우면 좋겠다
깨끗한 마음
그 느낌이 너무 좋다
첫새벽

마무리

아름다운 마무리는
처음의 마음으로 돌아가는 것이다.
일의 과정에서, 길의 도중에서 잃어버린 초심을
회복하는 것이다. 아름다운 마무리는 근원적인

물음: '나는 누구인가?' 하고 묻는 것이다.

삶의 순간순간마다
'나는 어디로 가고 있는가?' 하는 물음에서
그때그때 마무리가 이루어진다.
아름다운 마무리는 비움이다.
비움에 다가가는 것이다.
– 법정스님의『아름다운 마무리』중에서

매사에 시들해졌을 때
처음의 마음을 떠올릴 수 있다면,
움켜쥐고 있던 것들을 내려놓고 비움으로써
욕심이 사라질 수 있다면 마음 한편을 차지하고 있는
미움을 비움으로써 자유로워질 수 있다면

새로 떠오르는 태양을 보며

'나는 누구이며 어디로 가고 있는가?'를
생각할 수 있다면
우리는 매일 매일을 아름답게 마무리하듯
살 수 있지 않을까요?

행복

숲속을 걸으면
나뭇잎 사이로
하늘의 그림이 너무 예쁩니다
봄은 봄처럼 가을은 가을처럼

길바닥에 누워 있는
때죽나무의 흐트러짐에
이름 모를 엄마 새가
화가 난 듯이 소리를 질러요

봄날의 꽃들과
나뭇잎들
난 그들과의 사랑에
너무나 익숙합니다

병꽃의 자태가
모범생처럼 단정하고
노루 궁둥이 버섯이
오늘따라 더욱 빛이 납니다

행복이란

멀리에 있지 않고
바로 내 곁에 있습니다
크지도 않고 작지도 않게
아주 가까이

공사 중입니다

오늘도 수없이 내 마음의
문을 두드립니다
예쁜 소리가 넘치는 문
미운 소리가 넘치는 문
즐거워서 행복의 소리에
그리움에 비 젖는 소리에

한참을 돌아다니다
어느새 6월의 문까지
도착했습니다

깜짝 놀란 순간
모든 것들은 이미
반으로 접혀져 있습니다

작은 채송화도
키 큰 해바라기도
튼튼한 지붕을 짓고
자기만의 사랑법으로
살아가는 것을

아

까마득히 세월을 짊어지고

하늘 아래 그대로인데

지금도 난

공사 중입니다

오솔길

가던 길 멈추어
샛길 하나 보입니다
예쁘고 아름다운 길
하늘만큼 땅만큼
신비롭고 아름답습니다

여기저기 풀꽃들이
곱게 피어 있으니
풀꽃의 향기에 내 마음도
함께 풀꽃이 됩니다

그늘진 나무 자락
그 사이로 보이는
햇살 고운 하늘
거기에 멈추어
나는 바람이 됩니다

초록의 밥상에
알록달록 드러누운
김밥의 행렬
누가 이 길을
오솔길이라 했을까요

민들레 홀씨

산모퉁이 돌아서면
옹기종기 모여서 살고 있는 꽃
바람이 친구 되어
삶의 자리 찾아가는
민들레 홀씨

이리 밀리고 저리 밀리어
휘말리고 나부끼며
살아온 세월
꽃 피우고 열매 부풀리며
접어온 춘하추동 몇 해이던가

노을빛 곱게 안고
담 자락과 친구 되어
지나는 모든 사람들에게
마음을 뺏어 가는 꽃
노오란 민들레

그리 살자

세월이 묻어날수록
욕심도 버리고 말수도 줄이고
체중도 줄이고 생각도 줄이고
살림도 줄이고 걱정도 줄이고

숲길에게 바라는 것
바람에게 바라는 것
해님에게 바라는 것
내 곁의 가까운 모든 것들

부담주지 말고 편안하게
불평하지 말고 공평하게
그리 살자 그리 살자
꼭

꿀꽃

얼굴에 뽀얗게 분 바르고
들에 나가
꽃피는 소리로 살아볼까

갈라진 손끝 마디마디
연분홍빛 사랑 칠하고
임 마중하며 앉아 있을까

봄볕에 온몸 익혀
임의 가슴에 불꽃 요정 되어
살랑대며 아양을 떨까

아! 아무것도 싫어
그대 발 앞에 이대로
꿇어앉아 쉬고 싶은
사랑스런 보라색 꿀꽃이여.
빠른 답장을 하시려면

꽃잎 수채화

하룻밤 지나면 빨간색
또 지나면 노란색
그리고 파란색
수채화가 그려진다
선녀가 내려와 그린다

오색 물감
점 점 점 찍히더니
퍼져나가 꽃이 핀다
아름다운 꽃
온 세상이 아름답다

얼마나 지났을까
열흘도 채 지나기 전에
동녘 바람 세차게 불어와
아름다운 꽃 꽃잎들
몰아쳐 날리는구나

아~ 애석하여라!
꽃들의 울부짖는 소리
찬비 젖어 내리듯

꽃비가 내린다
온 세상에 내린다

아름다움도 잠시
상처 난 꽃잎의 혈흔이
시냇물처럼 흘러
또 하나의 그림을 그린다
슬픔을 그린다

미소마저 잃어버린
꽃잎 수채화를

2

시인의 생각

시인의 생각

시인의 생각을
아무렇지 않게 생각하지 마세요
시인의 시를 길가에 핀
풀꽃처럼 생각하지 마세요

생갹과 느낌과 모양들을
주워 담느라 너무 아팠습니다
피멍 들게 깨문 입술 사이로
나온 신음만큼이나
고된 시간이었답니다

시인의 고독을 아시나요
시인의 눈물을 아시나요
시평만 하시지 마세요
시를 아끼고 사랑해 주세요

6월의 그리움이여

나무들의 연둣빛 향기가
하늘 가득 치솟아 오른
눈부신 초여름

나비떼 분분히 날아와
하늘거리는 라일락 꽃가지
꽃그늘 아래 바람이 앉는다

이리저리 흐르는 대로
아련하게 퍼지는 꽃향기
메마른 가슴을 온통 출렁이게 하나니

무거운 무더위가
까마득한 그리움 하나 가득
6월의 그리움이여

오늘 하루 온종일

오늘 하루 온종일
비를 기다렸습니다

오늘 하루 온종일
창가에서 서성거렸습니다

오늘 하루 온종일
내 마음은 하늘입니다

그래서 난 스스로
비가 되어봅니다

나의 시

풀잎에 초록이 있듯이
풀에는 풀로 된 시가 있었다

도랑물에 졸졸졸 소리가 나듯이
물속에는 물로 된 시가 있었다

꽃 속에 향기로운 냄새가 나듯이
꽃에는 꽃으로 된 시가 있었다

풀잎의 시
도랑물의 시
꿈속의 시

이 세상에는 시가 되지 않는 것들이
하나도 없으며
나만의 시 속에는
나만의 향기로
온 숲이 노래하리라

마음먹기

유난히도 올여름은
빨리 찾아왔습니다
꽃을 좋아하는 선물인 듯
소담스런 꽃망울이
사랑스럽습니다

꽃이 핀 나무 한 그루
나는 꽃이라 했고
딸아이는 나무라 하고
또 며늘아가는
풀이라 했습니다

그러나
변함없이
우리집 베란다에는
꽃이 핀 나무 한 그루뿐
다른 것은 아무것도
없습니다

그 어떤 다른 것이라도
사람마다 각양각색

제 눈에 안경인 게죠

이게 나무일까
풀일까
말이 분분하고
바람이 비웃고
구름도 재 넘어가다
힐끗 돌아보고 고개를
흔듭니다

꽃이든
나무든
바람개비든
그 무엇이든 마음먹기에
달려있습니다

아니 그런가요?

고락산

들꽃이 보고 싶어
숲길을 걸으면
들꽃이 나를 반깁니다

햇볕 따가워 쓴 초록 모자
폼내며 신는 노랑 운동화
숲속 친구들에게 자랑합니다

온갖 들꽃 만발한 고락산의 숲길
산골짝 호수마다 온통 이쁜 꽃
포근한 봄으로 물들어 있습니다.

아득한 그리움이
한아름 안개처럼 피어오른 하얀 새벽에
눈 맞춰 둔 이름 모를 산새가 살고
다람쥐가 춤추는 이쁜 고락산

사랑

숲속에 가만히
기대면
나무와 나무의 사랑이

하늘에 가만히
기대면
구름과 구름이 사랑을

둘레길 가만히
기대면
제비꽃과
드러누운 꿀풀의 사랑

여기저기에
사랑 나무들이
줄지어
사랑 노래 부르며
기뻐합니다

누군가를 생각하다

누군가를 생각하다
또 누구의 글을 보다
내 마음 그릇을
보게 하는 아침입니다

감명 깊은 글이 느껴져도
그 순간에 지나지 않는다면
그것은 인스턴트일 것입니다

좋은 글을 보고 감사한
마음을 전하는 것도
작은 나눔에 실천일 것입니다

건강한 마음이란
건강한 육체에서 나온다라는
말이 있듯이
우리 서로서로 칭찬해 주고
다독여 주며 살아요

때론 실망스럽고 섭섭해도
어느 마음은 건강하지 못한

모습도 보여
저도 뉘우치면서
마음을 회복합니다

자작나무

꽃말 당신을 기다립니다
순백의 나무껍질로 눈에 띄는 부잣집 아들 느낌의 피부가 좋은 큰키나무다

마른 나무가 자작자작 소리를 내며 불에 잘 탄다는 데서 우리말 이름이 붙여졌다

껍질을 만져보면 매끈매끈하고 나무에 흰색 도료를 발라 논 듯 하얗고 윤이 나며 종이처럼 얇게 벗겨진다

나무에 기름 성분이 있어서 젖은 상태에서도 잘 탄다

결혼식을 올리는 것을 화촉을 밝힌다고 하는데 이 말은 촛불이 없었던 예전에는 자작나무의 수피에 불을 붙여 촛불 대용으로 쓴 것으로부터 유래된 것이다

자작나무 수피의 불로 어둠을 밝혀서 행복을 부른다는 뜻이 담겨있는 말이다

자작나무는 질이 좋고 썩지 않으며 벌레가 먹지 않아서 고려 고종 해인사 팔만대장경의 일부를 위해 사용했다

또한 신라시대 천마총에서 출토된 천마도의 재료도 종이가 아닌 자작나무 껍질에 힘찬 기상의 천마를 그린 것이다

자작나무는
참 착한 나무인 게
틀림없다

아침

아침
늘 새롭고
아름답다

잠에서 깨는
그 순간

잠시라도
그 순간
그 느낌들이
참 좋다

어제의 수고
지난밤에 지우고
하루를 시작한다

그 느낌이
참 좋다

하루의 삶이

늘 아침처럼
새로우면 좋겠다

그런 아침으로
나를 깨운다
그래서
참 좋다

꽃이 핀다

꽃이 핀다
연달아 핀다
한 번 입 벌린 꽃은
지지도 않아
지독히도 곱게 핀다

한 방울의
물꼬를 트기 위해
연신 피워대는
꽃의 하늘거림
흐르고 있다

이제
꽃의 향연에
춤추어라
붉은 봉오리여
오래도록 지지 않을
꽃잎이 되어

아!

갓 피어난 꽃 위로
떨어지는 향기에
봉오리가 이리도 고운
꽃이 들어가 앉으면
핀 꽃은
더 과감히 피어난다
지독히도 곱게

봄

봄은
물들어 가기에
좋은 계절입니다

누군가는 외로움에
물이 들고

누군가는
그리움에 물이 들고

또 누군가는
예쁜 사랑으로
물이 듭니다

어떤 빛깔로
물이 들든
꽃처럼
고운 빛깔로
물들어

올봄엔

곱고
아름다운 봄이
되길

그런 봄이
예쁘게
걸어옵니다

아가의 창가

그 옛날 그 시절
오월의 창가는
갓 구워낸 붕어빵처럼
따뜻하고 다정했습니다

알 수 없는 바이러스에
한참 예쁠 붕어빵 아가들
마스크가 웬 말이던가요

기쁘고 즐거워야 할
오월의 창가에
침묵이 흐르고
아가의 마음도
벙어리장갑처럼
굳어 버렸습니다

아!
언제쯤 5월의 창가의
어여쁜 미소를 볼 수 있을지
아가의 창가에서
잠시 머뭇거립니다

낮 달맞이꽃

초여름 햇살이
아삭아삭 노래하고
등굣길 언덕 위에
환하게 웃는 눈이 큰
샛별 같은 아이들

가던 길 멈추어
사뿐사뿐 나비 마음
두 손을 꼬옥 잡고
옥수수 기찻길 옆
하늘하늘 강아지풀

두 볼이 볼그스레
수줍은 미소 하나
몸짓으로도 알 수 없는
그 부끄러움이여
낮 달맞이꽃이여

등굣길 언덕 위에
예쁜 소녀를 만나

숲에서

꽃향기 가득한 숲속 길
나뭇가지에 바람과 햇살의
어여쁜 사랑이 시작됩니다

숲속의 새벽은 껌껌한데
나의 발자국 소리에 놀라
새들의 반잠에 미안한 마음

도란도란 반짝반짝
어디선가 헤즐러 향기에
온 숲이 대낮처럼 환해집니다

유채꽃이 그대에게

짧기만 한 봄날 살며시 꽃대 세우고
자그마한 꽃잎 미소 그대에게 보낼 때
살짝 눈맞춤에 행복하다 하셨죠

고향 내음이 묻어 나오고
곱고 어여쁘게 보이는 여린 유채꽃
그 꽃에 그리운 고향의
냄새가 있어
유난히 사랑해 주셨지요

순간 그 누군가의 설렘으로
쉽게 꺾이고 밟히는 유채꽃이지만
무수히 많은 봄꽃 중에
내 안에 오롯이 함께
충분히 행복하다 말합니다

다음 봄날에
또다시 만나면 당신에게
더 좋은 향기로 더 고운 빛깔로 다가서겠습니다

민들레

꽃 소풍 나들이
참새들 맑은 지저귐
촉촉한 이슬 되어 쏟아지면

선홍빛 찔레꽃
싱그러운 그늘 아래
작은 노랑 민들레 아가씨

봄날 따사로운
빛 바람 한아름 보듬어
초록 초록 봄 운동화 신고

참새들 따라
봄 마실 가시려나
설렘의 홀씨 하얗게 날리네요

휘이
휘이
휘이 휘 휘 휘

어 예쁜 민들레 아가씨

한 움큼 햇살 시럽 달콤한
아메리카노 한 잔 어때요

꿈꽃

내 만난 꽃 중 가장 작은 꽃
제비꽃과 자리꽃이 돌 틈에 피어
서로 자기가 작다고 속삭인다

자세히 보면 두 볼에 생글생글
이 빠진 꽃잎 하나 없이
하나같이 예쁘디예쁘다

뒷산에 앉아 잠깐 조는 참 누군가 물었지
너는 무슨 꽃?
잠결에 대답했다 꿈꽃 꿈꽃이라고

꽃들에게

세상의 아름다운 꽃들아
네 그렇게 이뻐도
바람이 널 흔들어
그리 이쁘게 피게 하였다

태양을 마시지 않고
비를 마시지 아니하고서는
이 세상에 나올 수 없음을
마음으로 마시면서
늘 겸손하기를

세상의 고운 꽃들아
너의 예쁨과 고움은
너의 곁에서
너를 사랑했던
고마운 마음들이 있다는 것을
언제나 잊지 말어라
오래도록

처음엔 걷지도 못했다

누구나 처음은 다 그렇다
밟지 말자 꺾지 말자 생명이 아닌 게 없다
누구나 시작은 어린잎이었다 같이 가자 손잡고
가자 희망이 아닌 게 없다 누구나 처음엔 걷지도 못했다
– 박병철의 「자연스럽게」 중에서

어린잎이었던 시절이 있습니다
처음엔 걷지도 못했던 그 어린잎의 시절
돌아보면 아련합니다 그리고 눈물이 납니다
걷지도 못하던 나를 잡아주던 따뜻한 손길
나의 등을 밀어 더 잘 걷게 해주던 분
그분의 손길이 없었다면 오늘의 나도 없습니다

나의 시

겨울이 열어 놓은 창문 틈 사이로
스산한 바람이 들락이며
내 마음에게로 커피향 같은
진한 향기를 전해줍니다

또 한 계절이 지나가고
또 한 계절이 오는 소리가
창가에서도 풀숲에서도 들려옵니다

장미 넝쿨 한들거리는 여름에서부터
개망초 꽃길 옆으로 작은 민들레꽃
그 사이로 보이는
하늘의 마음 여름의 끝자락까지
단 하나도 놓치지 않고
난 시를 씁니다

나의 시 7집을 만들면서
설레임과 기쁨은 이루 말할 수가 없네요
시를 만난다는 모든 것들은 늘 설레입니다
나의 시가 언제나 곱고 아름답게 피어나기를
늘 소망합니다

오전과 오후

하루 안에 살면서
만나지 못하는 사이
그리움을 사이에 두고
함께하지 못하는 사이
손에 잘 닿지 않는 그곳
난 그것을 오후라 하고

미처 빠져나오지 못한
그리움 난 그것을 오전이라 한다
그대는 오전 난 오후

그리움과 함께 둘을 합한다

지난 시간들을

시인의 마음이란
보이는 어느 곳이든
시를 추억하고 싶어진다

하늘에도
숲길에도
빗방울에도

풀잎에
시를 쓰면
시에서
풀향이 풍길까

너의
싱그러운 미소를
내 가슴에 쓰자

글
한 줄로 남은
푸르른 추억처럼

연둣빛 그대 곁에서

머리에 봄을 이고
가슴에 봄 향기 품고
연둣빛 그대에게 가리라

겨우내 잠자고 일어난
그대 나무에 봄을 올려놓고
메마른 가지마다
봄 향기 뿌려 파릇파릇
사랑이 돋아나게 하리라

봄 햇살에 몸을 맡긴
여린 잎이 쑥쑥 자라면
난 파랑새 되어 그대 나무에
걸터앉아 봄을 노래하리라.
연둣빛 그대 곁에서

3

풀꽃의 사랑

꽃들의 기도

봄꽃들이 아름답게 예쁜 꽃잎을 펼쳐도
꽃구경 여행도 가보지 못하고 어쩔 수 없는
그리운 기억들을 동동 구르면서 떠올립니다
일상의 소소한 작은 시간들을

하늘거리는 예쁜 아가들
제 나름의 모양과 색깔 향기
앙증스럽게도 피어난 봄꽃들
창문 밖으로 마음을 보냅니다

추운 겨울을 감내하며 기다린 봄이
몹쓸 놈의 바이러스로 발이 묶인 채
삶의 채비도 갖추지 못하고
덧없이 흘러가는 하루하루가
너무나도 아쉽고 원망스럽습니다

이 오염된 세상을 하루빨리
말끔히 씻어 주세요
사랑의 눈길이 그리운
봄꽃들 간절한 기도드려 봅니다.

어버이날

어릴 적 배고파서
일 가신 엄마 기다릴 때
그토록 보고 싶더니
오늘은 배고프지 않아도
당신이 보고 싶은 건
왜입니까

뒤돌아본 제 세월 속에
당신을 알았기 때문입니까
당신도 그러했으리라 하는
생각 때문입니까
모시지 못해 해드리지 못하고
내 살기 바빠 불효했던
후회 때문입니까

저 오늘 이 허망한 마음이
그 옛날 당신의
마음이었을 것이라 싶어
이렇게 더욱 당신이 그립습니다.
어머니

3월의 창가에서

조잘조잘 사뿐사뿐
뜨락에 새싹이 노래하고
꽃샘바람 산들바람
목련나무 잔가지에서
미끄럼을 탄다.

내 마음 깊은 곳에
숨어 울던 하얀 그리움
작은 새 목련 가지에
바람 소리 밀어내고
턱 괴고 돌아누워
잠시 머물던 3월의 창가

나의 향기

새벽 풀 냄새
새벽의 잔디를 깎고 있으면
기막히게 싱그러운 풀 냄새를 맡을 수 있다.
이건 향기가 아니다. 대기에 인간의 숨결이 섞이기 전,
아니면 미처 미치지 못한 그 오지의
순결한 냄새다.

어느 시인의 글귀입니다
우리가 놓치고 사는 것이 참 많습니다.
조금만 더 부지런하고 조금만 더 마음을 주면
자연의 '순결한 냄새'를 많이 맡을 수 있습니다.
사람 사이에서도 조금 더 사랑하고 조금 더 이해하면
놓쳤던 소중한 것들이 다시 보이기 시작합니다.
나의 향기에
아름다운 꽃이 필 수 있도록 정성스럽게
물을 뿌려줍니다

어느덧 내 마음에도 여름이

봄의 풋내가 입안 가득 싱그럽게 고이던 때가 있었던가 싶게
초록으로 무성한 산천의 풍요로움이 눈 안에 가득합니다.
봄이 되면 사방 천지에서 몰려드는 생명의 기운들이 부산하게 움직이며
긴 겨울을 지나온 벅찬 감동이, 싱그럽게 부는 한 자락의 바람이 되어
내 가슴 한편에 머무르며 회한에 잠기게 하지요.

봄은 생명의 소생과 환희의 계절이리라.
여름 어느새 여름이 왔습니다
어느덧 봄은 흐르는 강물처럼 저 만큼에 가 흐르고
그리고 다가오는 계절에게 자리를 겸허하게 내어줍니다.

세월의 흐름 속에 여름 어느새 여름이
여기저기 내 마음 가까이 서서히 자리합니다
오늘따라 바람에 무성한 나무들이 마구잡이로 요동치고.
아침부터 어두움 짙은 창문 밖엔 후둑후둑
빗방울이 내리치기 시작합니다

풀꽃의 사랑

바위틈 골짜기에
숨어 사는 이름 모를
작디작은 풀꽃 하나

햇빛과 바람이
몹시도 그리운 날
빼꼼히 고개 들어
내 눈과 마주하던 날

이름 모를 산새들도
삐쭉삐쭉 노래하고
길가의 노오란
바람개비 풀 내음

하늘을 병풍처럼
바람을 베개 삼아
구름으로 이불 덮고
사랑 하나 심어봅니다

빼꼼히

코로나19로 석 달 동안이나
굳게 닫힌 해아란
오랜만에 드디어 창문을 빼꼼히

첫정 첫사랑만큼이나
반가운 손님이 똑똑
100일 만에 여름 방에
예약 신청

정말 오랜만에 청소 아줌마로 변신하여
아픈 어깨도 금방 툭툭 털고서
신나는 청소로 오후를 마감

모두 모두 건강히
바다도 하늘도 모래사장도
구릿빛으로 온통 적시며
코로나 까짓거
물러서라 하며 외치는
큰 파도가 든든하다

어제의 하루

이만큼

이것밖에 없는 거랑
이만큼이나 있는 거는
같은 조건이라 하더라도
정반대의 결과가 된답니다

그래서 우리에겐
이만큼의 감사할 조건
힘들어도 마음만은
넓게 부자인 것처럼

크게 마음을
열어 보시면 어떨까요
마음을 여는 만큼
세상이 더 넓게 보입니다

봄이 왔어요

고개를 들어 꽃을 보아요
꽃들의 표정이
예쁘게 밝아졌어요

고개를 들어 숲을 보아요
풀과 나무들이
연초록 새 옷을 입고 춤을 추어요

고개를 들어 하늘을 보아요
바람이 그네를 타고
빵끗빵끗 미소를 지어요

고개를 들어 거울을 보아요
당신의 모습이
이 세상에서 제일 예뻐요

봄이 왔어요

무료입니다

이른 새벽
눈 비비고 일어나
김밥에 익은 김치
한 줄만 넣어

따뜻한 커피 한 잔
사랑 한 스푼
배낭에 살짝
봉화산으로 출발

맑은 아침을 만나
짊어진 배낭 속에
사랑을 꺼냅니다

봉화산의 예쁜 공기
숲속의 꿀풀꽃
필요하신 분
연락주세요
무료입니다

동네 한 바퀴

뒷산도 좋고 운동장도 좋고
동네 한 바퀴 어디라도 좋다.
자주 걷는 습관을 가지라고
늘 밥 먹듯이 타이르시던
친정아버지의 바른생활

오늘처럼 산에 못 가는 날에는
장미 넝쿨 늘어진 초등학교 지나
언덕 위에 앉아 갈 길을 밝혀주는
노오란 양지 꽃길 사이로
그분의 기억을 더듬습니다

벚꽃나무 생강나무 늘어진 곳
한참 동안 쭈욱 내려 슈퍼 지나
아버지가 사시든 동네까지
더듬거리며 추억을 붙잡고
한 바퀴 두 바퀴 동네 한 바퀴

그리움을 붙잡고
그분이 태어나신 오월 하늘
그분의 동네 그 사이에서

한참 동안 걷고 또 걷고
동네 한 바퀴 쓸고 다닙니다

이 글을 읽는 그대여!

이 글을 읽는 그대여
혹시
들길이나
숲길을 거닐다가
아름답게 피어 있는
풀꽃과
마주쳤을 때

그 아름다움의 설레임을
누군가에게
전해주고 싶은 마음을
단 한 번이라도
느낀 적은 있었나요?

사이

설레임과 행복 사이
바람과 나무 사이
개나리와 진달래 사이
그 사이로 햇살이 눈이 부십니다

나무는 나무라서 예쁘고
하늘은 하늘이라서 예쁘고
나의 시는 나의 시라서 예쁩니다

그 사이로 조심스럽게
사이 나무 한 그루 심어 봅니다
아 생각만 해도 너무나 예쁘네요
사이 나무

틈 사이로

햇빛이 눈 부신 어느 날
설레임이 먼저 길을 나섭니다
그 틈 사이로 예쁜 냄새 그대를 만나
내 마음속에서 사알짝 꺼내어 봅니다

꽃은 꽃이라서 예쁘고
나무는 나무라서 예쁘고
풀잎은 풀잎이라서 예쁜
아름답고 싱그러운 날

서서히 숙성되어 가는 나의 시는
조심스럽게 꽃단장하고
연지곤지 분 바르고
조심스럽게 고개를 내밉니다

좋은 사람은 나를 좋아하는 사람이 아니고
나를 좋은 사람으로 만든다고 합니다
나의 마음 나를 흔드는 모든 것들
그 틈 사이로 나의 시를 드립니다

아시나요

내가 즐거워하고
행복해하는 이유
내가 기뻐하고
슬퍼하는 이유

꽃잎은 몇 개인지
바람의 귀는 어디에
아시나요
그 답을 아시나요
그 이유를

어느 날

6월 어느 날
바람결에 흔들리는
작은 풀꽃
길옆으로 이어지는
초여름을 잊을 수 없다

싱싱한 잎새 하나
다양한 작은 풀꽃
후더운 바람 소리
초여름의 숨결

기쁨도 슬픔도
어둠으로 더듬으며
초여름의 시간들은
온 세상을 뒤흔든다

바람에게

바람아 나무에게
무어라고 했니

뭐라 했기에 저렇게
온몸으로 대답하니

가던 길 멈추고
내게도 말해줘

나도 한 번 온몸으로
외치고 싶다
바람아

내일

걸어서 더는 갈 수 없는 그곳에
예쁜 바다가 있었습니다
날개로 더는 날을 수 없는 그곳에
예쁜 하늘이 있었습니다

꿈으로 더는 갈 수 없는 그곳에
예쁜 세월이 있었습니다

나의 세월로도 더는 갈 수 없는 그곳에
나의 꿈아…
내일이 서 있습니다

산국

가을 산길에 흐드러지게
피어
국화향 흩날리며
노란색 스카프 휘날리던
산국

겨울 산에 노란 얼굴 드러낸
산국 한 송이가
예쁘고 화사함이 온 산의 주인이 되어
오가는 이의 기쁨이 된다

귀한 존재가 되는 것은
오래오래 참고 자리를 지키는 것
산국의 자태가 아름다운 것이
마치 한 폭의 수놓은
별빛이어라

바람결 따라서

나뭇가지가 흔들립니다
오른쪽으로
고요하게 불면 고요하게
세차게 불면 세차게
물결처럼 일렁거립니다
나뭇가지가 흔들리는 쪽을 따라
나도 같이 흔들립니다
나뭇가지가 일렁이는 쪽을 따라
나도 같이 일렁거립니다

숲속에 들어서면서부터
나는 시인이 됩니다
달개비 빼꼼 고개 내밀면
덩달아 노랑 씀바귀도
토끼풀도 햇빛 좋은 맘
숨길 생각이 없는가 봅니다
햇살에 이파리 내주고
꽃술에는 하늘을 들여놓고는
나도 봄이라고
나도 보아달라고
여기서 저기서 아우성이지요

나는 오늘도 숲길에서
예쁜 하늬바람 동무 되어
무작정 걸어갑니다
바람결 따라서

5월은 가정의 달

5월 21일
둘(2)이 하나(1)가 된다는 의미에서 매년 5월 21일을
부부의 날로 정했답니다

평생 아끼고 사랑하며 살던 노부부가 있었는데
안타깝게도 할머니가 뇌졸중으로 쓰러져
의식을 잃었답니다

할아버지는 할머니 곁을 떠나지 않고 병실을 지키며
틈이 날 때마다 손을 꼭 잡고 사랑한다고
말을 했답니다

말로만 하면 전달이 안 될까 봐
사랑해라고 말할 때마다 글자 수에 맞춰
엄지로 할머니의 손바닥을 꾹 꾹 꾹 눌렀습니다

수 주일이 지나도 할머니의 병세는 차도가 없었지만
할아버지는 포기하지 않았습니다

하루는 여느 날처럼 사랑을 고백하며
할머니 손바닥을 꾹 꾹 꾹 하고 눌렀는데 놀랍게도

할머니 손이 움직이기 시작했습니다

할아버지가 사랑해하며
꼭 꼭 꼭 손바닥을 누를 때마다
할머니 손가락도 나도 하고
꼭 꼭 할아버지의 손바닥을 미세하게 눌렀습니다

할아버지의 정성 때문인지
할머니는 몇 달 뒤 의식을 되찾았고
함께 산책할 정도로 건강이 회복되었답니다

그렇습니다
언제 어디서든 맞잡은 두 손을 놓지 말고
시시때때로 서로의 사랑을 확인하듯이
지금 우리들도 사랑하는 사람에게
사랑해 하고 꼭 꼭 꼭 눌러 준다면
나도 하고 꼭 꼭으로 화답하지 않을까요?

너를 만나던 날

처음 너를 만나던 날
연지곤지 분 바르고
설레임 가득 부끄러움 가득
참 행복했습니다

그 만남을 표현한다면
두근두근 콩닥콩닥
봉선화 물들이던
고운 그 마음이었죠

행복을 차곡차곡
사랑을 차곡차곡
소녀야 잘 부탁해
하모니카와의 사랑이
시작되려나 봅니다

낯선 바람

봄인지
여름인지

새벽 산에 낯선 바람이
놀러 왔어요
낯선 바람 소리는
사부작사부작
한참을
귀 기울입니다

어디선가 소곤소곤
설탕 한 스푼
사랑 한 스푼
산새 가족 아침맞이
커피타임인가 봐요

봄인지
여름인지
요즘 날씨 사계절 중
두 개는 어디로 갔는지
가을하고 겨울을
불러봅니다

코로나19

답답한 감정도 웃음의 빗자루로 쓱쓱 지워낼 수
있으면 좋겠습니다.
이런 시기에 설마 '나'만 슬프다고 생각하는 분들이
없길 바랍니다.

가슴에 슬픈 감정을 심으면 웃음의 꽃 필 자리가
없게 됩니다.
앞집도 옆집도 답답하고, 산도 바다도 답답하고,
나무도 꽃도 답답하기는 마찬가지입니다.

어릴 적 갑작스러운 비 소식에 반강제로 마루에 앉아
들리지도 않던 처마 끝에서 툭툭 떨어지는 빗소리를
귀와 마음에 옮겨 심었던 것처럼,
갑작스레 코로나 사건으로 반강제로 집안에 앉아
들리지 않던 마음 한 자락이 외치는 소리 듣는
시간을 가지면 좋겠습니다

4

한 번쯤은

기다려주는 사람

산 위에서 기다리면
우리 함께 내려올 수 있고
강가에서 기다리면
다 같이 건널 수 있습니다

식탁에서 기다리면
우리 같이 먹을 수 있고
외로운 노래도 기다리면
다 함께 부를 수 있습니다

같이 시작할 수 있는 것은
참고 기다리는 마음입니다
기다려주지 않는 것이
시간이라지만
기다릴 수 없는 것은
우리 바쁜 마음입니다

말없이 기다려주는 사람은
언제나 아름답습니다

새벽

넘어지지 않으려고
조심조심 뒤뚱뒤뚱
고락산의 새벽은
눈이 녹질 않아
대낮처럼 환합니다

해님은 구름 속에서 콜콜
눈부시게 아름다워서
한 컷 찰칵 찍어봅니다
그런데 그 너머에
겨울과 봄의 문턱 틈 사이로
청매화가 예쁜 미소로
방긋 새벽을 보내줍니다

숲속의 아침
방울처럼 굴러다니는
영롱한 이슬방울들
산새의 아침식사 소리
짹짹 쪼로롱

외출

낯선 하늘 낯선 나무 낯선 산책로 모두가 낯선 곳에서
만난 예쁜 친구들과 아침을 만났습니다
(꽃을 좋아하는 사람은 그 꽃을 꺾지만 꽃을 사랑하는 사람은 그 꽃에 물을 줍니다 좋아하면 욕심이 생기고 사랑하면 그 욕심을 포기하게 됩니다)
참 좋은 글귀에 커피향을 선물합니다
아니 그런가요?
좋아하는 마음과 사랑하는 마음을 생각하면서
새삼 남쪽 하늘을 더욱 사랑하는 내 마음을
토닥토닥 다독입니다

비 오는 날

후두둑 후두둑
창가에 후려치는
빗방울 소리에
낮잠 자는 백합이
두 눈을 후비네요

따뜻한 커피향이
그리운 오후
내 마음 커피 되어
바람 그네 헤즐러
어깨를 뒤흔듭니다

나도 누군가에게
따뜻한 마음 되고 싶어
티스푼 끝자락에
내 마음 띄어보는
예쁘디예쁜 비 오는 오후

분홍색 길

분홍색 길을 따라 봄이 성큼 다가왔다

살구나무는 춤을 추고
목련나무는
벙어리장갑을 벗을까?
말까?
올봄에 폼나게 머릴 기를 거야 빡빡머리 미루나무

인동초 싹이 난다
산수유 곧 피겠네
생강나무도 뒤질세라
매화도 덩달아서
이팝나무도 요로코롬 싹을 틔웠다 와우! 감동

영춘화가 활짝 피었다
올해 일 등 했다
돌아오는 길
버섯이 두 개나 피었네
올봄
식물도 꽃들도 모두 예술이다

개나리

4월 첫날
노오란 꽃잎이
웃음보 터집니다

학교 담장 밖으로
쏟아진 노랫말
노오란 휘파람.

그대의 함성
그대의 옷자락
4월이 눈부십니다

4월 둘째 날
하아얀 두 볼이 펑펑
하마터면 어금니 터질 듯이

아가야 울 아가 그림 그리다
노오란색이 필요한데
쬐만 빌려다오

한 번쯤은

한 번쯤은 살다가
잠시 두 손을 놓아보세요
잡으려던 것들이 손 위로 날아가 버려도
허전하진 않을 거예요

한 번쯤은 살다가
잠시 두 발을 멈추고 쉬어보세요
가려던 길이 저 멀리 아득히 보여도
힘들지 않을 거예요

한 번쯤은 잠시
잊고 살아 봐요
때론 눈앞에 보이는 것보다
더 소중한 것이 보일 때도 있어요

너무 길게 깊이는 말고요
아주
잠시만 그렇게 숨쉬고 있어 봐요
아주 잠시만

입춘

새해라고 선물 받은 1월 한 달
훌쩍 지나고
오늘이 입춘인데
새벽 산이 너무 차고 매섭습니다

어디쯤인지 모르지만
얼어붙은 산은 봄이 가까워
산자락이 녹아내리고
여기저기 온통 봄봄 봄입니다

설익은 청매화가 빼꼼
그 틈새 바람이 살랑입니다
겨울과 봄
나무와 나무
하늘과 하늘
봄 줄로 나를 꽁꽁 묶습니다
아 오늘이 입춘입니다

들꽃

세상에는 우리들이 전혀 모르는
들꽃처럼 아름다운 사람들이 있습니다
그 사람들은
당신 곁에 있기도 하고
더러는 아주 먼 곳에 있기도 하지만
때로는 당신 자신일 수도 있습니다

어느 날 어느 때
들꽃처럼 그렇게
당신이 맑고 깨끗하고 어여쁘고
외롭다고 생각해 보십시요
당신의 마음과 눈에는
세상 모든 것이 들꽃으로
그토록 아름다워 보일 겁니다
눈물이 날 만큼
아니 안 그럴까요?

아버지의 숲

그 숲에 도착할쯤
마음이 애린다
그 숲에 도착하면
그만 주저앉는다

당신의 향기
당신의 마음
나무 끝에서
나를 부르는 소리

나무와 나무 사이
하늘과 하늘 사이
돌아보면 아무도 없는데
자꾸만 뒤돌아본다

바위야 바위야
나무야 나무야
울 아버지 이곳에서
어떤 나무로 사실 거나

다시 봄봄

키가 큰 하늘 미소
키가 작은 바람 미소
여기저기서 노래하는
다시 봄봄

가던 길 멈추어
길가에 탐스러운
분홍꽃과 잠시
내 맘이 마주칩니다

한들한들
키 작은 예쁜 풀꽃
오늘따라 유난히
눈망울이 또롱또롱

아
나에게 찾아온
설레임이 먼저
연분홍 진달래와
또 하나의 사랑이
시작됩니다
다시 봄봄

오월에 장미

오월의 아픔이
가시가 되어
길가 담장 밑에서
태연하게 피어 있는 그대

모두를 사랑하고
모두를 용서하기 위해
오 월의 장미가 더욱
아름답습니다

여물지 않은 여름날
지저귀는 종달새
아장아장 들국화
오월의 하늘이 눈부십니다

사소한 떨림

툭 투두둑
더 세게 치세요
두 눈을 꼭 감고 침대에 엎드렸다

온몸이 힘이 쭉 빠지고
마음이 울렁울렁
천정이 돌고 돈다

무리를 했나
또 감기에
걸려들었다

주삿바늘만 보아도
떨리고 무섭고
두근두근

아 떨린다

강낭콩

보랏빛 꽃 강낭콩
엄마의 얼굴을 닮았다
꽃잎마다 이 자식 저 자식
근심의 미소가 애잔하다

사랑스러운 얼굴로
천사처럼 웃어준 울 엄마
하늘로 떠나간 지
수 시간이나 지나갔는데

오늘 밤 불러 볼까
꿈에라도 만나고 싶다
만나면 만난다면
무슨 말부터 해야 할까

오동통 콩깍지들
알록달록 새 단장해도
울 엄마 오는 길목에
슬픈 듯 피어나는 꽃잎

보랏빛
울 엄니의 강낭콩

봄을 안고 당신에게 가리라

머리에 봄을 이고
가슴에 봄 향기 품고
설레임만 가득 싣고
사랑하는 당신에게 가리라

겨우내 잠자고 일어난
당신 나무에 봄을 올려놓고
메마른 가지마다
봄 향기 뿌려 파릇파릇
사랑이 돋아나게 하리라

봄 햇살에 몸을 맡긴
여린 잎이 쑥쑥 자라면
난 파랑새 되어 당신 나무에
걸터앉아 봄을 노래하리라
봄을 안고 당신에게 가리라.

봄소식

목련꽃 봉오리 굵어져 가고
산매화 무르익어 붉어지는데
개나리도 덩달아서 두리둥실
편지 왔어요 편지 왔어요
비둘기 아저씨 창가에 앉아
답답한 마음을 콕콕 두드립니다

겨울바람에 실려 오는 봄 향기
이렇게 또 한겨울이 가나 보다
눈부시도록 햇살 따스한 오후
담벼락에 기대어 눈을 감으면
서럽도록 그립던 그 시절 나를 녹이며
추억으로 뭉친 그 겨울들

아련히 스쳐가는 것이
또 올겨울이 또 지나가나 보다
그저 그렇듯이 저만큼

꽃섬 상하도에 가는길

출판식을 앞두고 마음이 부웅 떠 있는 이 기분은 왜일까?
내 마음을 정리하는 뜻에 내게 절친
친구처럼 언니처럼 형제처럼 지낸 그녀들과 함께
날 잡아 꽃섬 상화도에
나의 시 「바람에게」로 만나러 가자고 부탁했지요
약속한 토요일 아침 7시
우리들은 알콩달콩 봄바람에 몸을 싣고 백야도에 도착
8시배를 타고
통통통 꽃섬 아름다운 섬에 도착하여 드디어
둘레길을 걷습니다
남다른 공기 남다른 느낌 아 이것이 바로 자연이구나
넘실넘실 춤추는
상화도 쑥이 싱싱한 것이 은빛이요 벚꽃이 아름다운 것이
라일락의 언니요
여기저기 널려 있는 고사리밭 그 사이로 솔솔
소나무향의 폭포수
섬 하늘의 빛깔이 아가의 미소처럼 맑디맑음
온 세상이 푸르름입니다
오르고 또 오르니 드디어 바다 위 오솔길 낭떠러지 옆에
나의 시가 턱 버티고 서 있네요
바람에 실려 아주 섹시한 그녀의 검붉은 모습

아무도 오지 않는 컴컴한 밤이 되면 얼마나 무서웠을까
옆에 작은 소나무가 두 눈을 부릅뜨면서 걱정 마세요
제가 지켜 줍니다
보듬고 사진 한 장 찰칵… 차 한 잔 마시고 잠시 후
잘 있어 또 시간 내어 올게
상화도 섬에서 「바람에게」와의 만남은 너무나 짧았습니다
돌아오는 배를 타고 아쉬움을 뒤로하며 난 오래도록
손을 흔듭니다
상화도에 가는 길은 참 아름답고 아름다운 내 곁의
절친들은 더 아름다운 하루였습니다

쿠키 사랑

쿠키 한 개
향 좋은 커피에 쿠욱 찍어
호드득 호드득
아! 이게 행복이지요

꼬깃꼬깃
접혀진 내 마음이
설레이며 아롱아롱
아! 이게 사랑이지요

창가에 앉아
쿠키와 커피의 몰래 사랑
아무도 모르는
쿠키 사랑을 시작합니다

꽃들의 입학식

동이 트는 길목에 보랏빛 우산 꽃
가느다랗게 줄지어 서 있습니다
가만히 들여다보니 라일락꽃이네요

아가의 등굣길에 노오란 손바닥꽃
괭이밥이 되기 싫어 피기도 전에 멈춘 꽃
가만히 들여다보니 괭이밥꽃이네요

뜨거운 한낮의 햇빛은 너무도 강렬한데
담벼락에 줄지어 선 해바라기
뜨거운 줄도 모른 채 흔들흔들 향기롭습니다

말 잘 듣는 아이는 예쁘게 잘 자라고
말 잘 듣는 꽃은 예쁘게 잘 피어나네요
꽃이든 사람이든 착하면 더욱더 고운 빛깔

아가와 꽃길 나무와 하늬바람
운동장에 줄지어 선 그네 그 사이로 작은 팽이나무
살아 숨쉬는 모든 것들이 겁도 없이 예쁘기만 합니다

봄맞이

아름다운 우리말 꽃 이름이 많지만
봄이 되면 이 아이를 꼭 소개하고 싶다
'봄맞이'

일제강점기에 조선인들은
봄을 기다리며 이렇게 꽃 이름을 불렀다

'봄맞이꽃'으로

우리말 꽃 이름 없이
'報春花'란 한자 꽃 이름을 올려놓았다

우리말 꽃 이름 '보춘화'는 도망가서 '춘란'을 대체했다

앵초과로
속명 안드로사케(Androsace)는
우리가 잘 아는 묘한 감정을 일으키는 은하 이름
안드로메다를 연상시킨다

Androsace는 '봄맞이 꽃속'이라 부른다
의외로 유래는 '남자의 방패'다

그리스어로 andros(a man) + sakos(a shield)

봄이 무르익었다
힘들지만, 정신 차리고 깨어나자
코로나19가 무섭지만 넘을 수 있다

손짓

이른 새벽 맑은 내음
숲속 길 기침 소리
봄을 흔듭니다

웅알대는 아지랑이
발밑에 작은 풀꽃
봄을 알립니다

산새의 목소리가
유난히 초롱초롱
봄을 노래합니다

나는 미소로
너는 바람의 힘으로
우리들은 하나 되어
설레임의 손짓을 합니다

상추

햇살이 잘드는 창문 쪽에
스치로폼 화분을 놓고
흙을 채우고 씨앗을 심었습니다

촉촉이 물을 주고
잊을까 잊을까 봐
화분 겉면에 '상추'라고 적었죠

틈틈이 돌아보고 사랑하며
온갖 정성으로 바라만 보았는데
어느 날 빼꼼히 후비고
세상 밖으로
푸른 싹을 내미는 것을 보았습니다

행복은 이렇게 작은 것이라도
진실하게 대하면 감동을 주면서
가장 마음속 깊이 파고들어
세상사와 똑같은 이치를
스스로 깨닫게 한다는 것을
상추에게서 배웠습니다

제비꽃

보라꽃을 유난히 좋아했던
울 어머니
보랏빛 등꽃 아래 보라제비꽃
가득 심어 놓으시고
텃밭에는 보랏빛이 선명한 도라지도 심으셨던
울 어머니

보라돌이 보라소녀였다는
집안 가득 보랏빛이
언제나 함께했다는
울 어머니

그래서 그런가 보라색
제비꽃이
너무 예쁘네요
어버이날이 가까우니
울 어머니가 보고 싶습니다
참 많이

5

벚꽃 양산

연두연두 초록

고락산 숲속 오솔길
커브 틀고 조금만 휙 돌아서면
보라색 등꽃 나무에 초여름이 방울방울 눈부시도록 아름답게
예쁜 노래합니다

봄 여름 가을 겨울
사시사철
오늘도 내일도 끝없이
숲속 길을 따라 함께 노래합니다
비 온 뒤의 연두연두 초록 빛깔의 하늘과 바람과 작은 들풀

가만히 내 맘속으로 껴안아 봅니다
아!
참 예쁜 아침
연두연두 초록
가만히 불러봅니다

모자

얼굴 탄다고 모자를 써야 하는 계절이 돌아왔지만
꽃들의 마음과 마주칠 때의 미안함 때문에 모자를
쓰지 못합니다

아
눈부시도록 아름다운 하늘
가슴속의 답답함을
잊어버리려 오늘도
난
숲속 끝자락을 걸어갑니다
차마 모자도 쓰지 못하고

5월의 숲

열두 달의 숫자 중 참 예쁜
저절로 시인이 되는 계절
참 예쁜 숫자 5
비온 뒤 5월의 숲은 맑디맑은
호수입니다
나는 숲속에 들어서는 그 순간부터
시인이 됩니다

여기저기서 예쁜 풀잎들이
손짓하는 싱그러운 아침
얘 너만 시인이니 나도 시인이야
어디선가 작은 새의 옹알이에
잠시
가던 길 멈추어 뒤돌아봅니다

나에게는 그렇습니다

투명한 유리병 속에 담겨진
예쁜 안개꽃 한다발
나에게는 친구가 그렇습니다

벽에 걸린 르노아르의 소녀처럼
볼그레한 미소 한다발
나에게는 친구가 그렇습니다

바위틈에 손을 흔드는
작은 들꽃 향기
나에게는 친구가 그렇습니다

잠시

가던 길 멈추어
한눈이라도 팔면
꿈처럼 왔다가
저만치 가버린다

무엇이
그리 바쁜지
계절마다 피고 지는
사과꽃도 매화꽃도
진달래꽃도

울 아가
태어났다고
손뼉을 치고
보듬고 설레임을
뒤로 밀어버린 채로

온 세상의
꽃이며 바람이며
키 작은 풀꽃들도
어깨너머로 가버린다

아!

눈 깜빡할 사이에

잠시

그 소리

새벽부터 부산하게
바스락거리는 소리
헤즐러향의 이쁜 내음이
진동하는 그 소리가 나는 참 좋다
아침에 이불 속으로 파고드는
나를 깨우는
작은 바람 소리의 움직임
서리서리 그 소리가 나는 참 좋다

가끔씩 들려오는
나를 부르는
지지배배 지지배배 산새의 소리
지저귀는 그 소리가 나는 참 좋다

교정의 벚꽃나무가 떨어져
청소 시간이면 힘들어도
나를 반기는 벚꽃 잎이 떨어지는 소리
이쁜 그 소리가 나는 참 좋다

주르륵 주르륵 안개비 소리
나를 아늑하게 하지만

어쩌면 그 이유만으로도
그 소리가 나는 참 좋다

혹시나

이 글을 읽는 그대여!
혹시
들길이나
숲길을 거닐다가
아름답게 피어 있는 풀꽃과
마주쳤을 때
그 아름다움의 설레임을
누군가에게
전해주고 싶은 마음을
단 한 번이라도
느낀 적은 있었나요?

이 글을 읽는 그대여
혹시
바람이 불거나 비가 올 때면
행여 다칠세라 행여 날아갈세라
걱정이 되어 전화기를 들어
안부가 그리운 적이 있었나요
누군지는 모르지만

동화처럼 구름일지라도
혹시나

비 맞은 아이들

때죽나무 맹감나무
이팝나무 병꽃나무
비 온 뒤의 숲속 길은
너무너무 환합니다

5월 6월이 되면 꼭
만날 수 있는
올망졸망 예쁜 아이들

사람도 나무들처럼 변함이
없고 고운 향기로 오래도록
채워지길 소망합니다

아가야
너의 이름은 무어니?
이름 모를 풀꽃과
그만!
눈을 마주칩니다

비 오는 뒤의 숲속 길에서
궁시렁궁시렁

찍고

엉겅퀴 찍고
하얀 민들레 찍고
꿀풀 찍고
뱀딸기 찍고

망마경기장 찍고
망마골프장 찍고
숲속 나라 찍고
돌고 돌아 다시 제자리

안개 낀 숲속
한 치 앞을 뚫고
지금도 나는
길 위에서 서성입니다
찍고 찍고 찍고

벚꽃 양산

그대여
그대에겐 혹시나 벚꽃 양산이 있나요
뜨거운 날 햇빛을 가리는
햇빛 양산보다 더 곱습니다

울 아부지 만나러 가는 길목에
쏟아지는 벚꽃들이 양산되어
그늘막이 되어 백화점에서
선물 받은 예쁜 양산은 그만
짐칸에 둡니다

햇살은 맑고 하늘은 너무 이쁜데
왠지 마음 길은 출렁이는
파도가 되어 뱃길을 막습니다

하늘하늘 눈송이가 휘날리는 쓸쓸한 이 길
난 그만 쏟아지는 울음 참으려
벚꽃 양산 속으로 달려갑니다
후두둑 후두둑 내 맘을 담아보는
벚꽃 양산이 너무나 든든합니다

바다로 가는 길

바다로 가는 길목에는
반짝임의 크기가 밤하늘의 별보다
어린 날의 소꿉친구보다
더욱 선명하고 아름답습니다

바다 위 돌 틈 사이에 피어난
보라색 패랭이꽃의 교만스러움이
어느 날 변해 버린 그녀의 말투처럼
향기로움이 하늘을 찌릅니다

늘 처음처럼 이기를
패랭이 꽃 두 어깨를 토닥토닥
마치 선운사의 꽃무릇처럼
내 마음이 더욱 붉어집니다

– 새벽 오동도 바다 위에서

여름 나무

아무 데서나 태어나 자랐다고
서글퍼 하지도
눈 여겨주지 않아도
바라는 마음 갖지 않고
가꾸지 않아 버려두어도 서로 비벼대며

비바람 불어 꺾이고 발길에 짓밟혀도
부대끼며 견딜 줄 알며
마구 뒤엎어 놓은 흙더미 속에서도
아스팔트 딱딱한 틈새에서도
담 벼랑에 먼지같이 쌓인 흙무더기라 할지라도

뿌리를 내리는 끈질긴 욕망 하나로
꽃도 피우고 홀씨 되어 꿈처럼 날기도 하며
사는 법을 스스로 배우면서
아무도 손닿지 않는 숲속 그늘이 되어
오늘도 내일도 난 여름 나무이어라

난리 났어요

살구나무는 춤을 추고
목련나무는 벙어리장갑을
냅다 벗어버리고
인동초는 싹이 몽글몽글
산수유는 미소를 한가득
이팝나무는 두리번두리번
버섯은 새악시처럼 수줍음

생강나무도 뒤질세라
매화꽃도 방실방실
세상사 어찌하든
각자 맡은 바에 충실하자
키 작은 양지꽃 노오란 깃발 되어
허리 휘는 줄 모르고 휘날리는데
시냇물도 산새들도
숲속이 지금 난리 났어요

하모니카 소녀

작은 풀잎 하나
작은 바람 하나
작은 새벽 하나
가장 낮은 계명 도의 모습입니다

나무 위에 작은 새
햇살 위의 하늘빛
바위틈의 양지꽃
가장 높은 계명 도의 그림입니다

봄과 같은 도레미의 도
여름과 같은 미파솔의 미
가을과 같은 도파라의 파
겨울과 같은 시레솔의 시

그중에 봄을 닮은 도
도야 난 네가 제일 좋은데
내 마음 받아줄 수 있니
잠시 후 키 작은 하모니카 소녀
와락 나에게로 봄 향기를 뿌려줍니다

마음

따뜻한 마음은
누구에게나 있습니다
따뜻한 마음은 무엇인지
그 생각을 해 보았지요

어느 날 나는 따뜻한 마음이
무엇인지를 알게 되었습니다
따뜻한 마음이란
누구에게나 친절하게 대하는 것이지요

나는 따뜻한 마음이
무엇인지 이제야 알게 되었습니다
이 세상 모든 사람들이
따뜻하고 친절하면 좋겠습니다

봄 사세요

봄 사세요 봄 사세요
봄을 팝니다
봄 사세요 봄 사세요
봄을 드립니다

꽃집 앞에 웅성웅성
봄꽃들이 줄지어서
봄을 나눠주는 모습
봄 사세요 봄 사세요

키 작은 제비꽃의
두 볼 사이로 하얀 마스크
눈물로 뒤범벅된 채로
봄을 팝니다

올봄엔 불청객 코로나에
멍든 가슴 멍든 채로
봄을 팝니다
물러서라 코로나야
길을 비켜라

양지꽃

따뜻한 햇살 내리쬐고
하늘과 가까운 바위틈 사이
누군가 곤히 새근새근 졸고 있어요

꾸벅꾸벅 새근새근
가만가만 좀더 가까이
빨갛게 달아오른 두 볼이
마치 홍시처럼 붉디붉구나

아가야
너의 이름이 무어니
노오란 게 옥수수가 아닐까
네 양지꽃 양지꽃이랍니다

바람의 끝에서

어디선가 초록의 향기
가든 길 멈추어 한참을
두리번두리번
언덕 아래
노오란 나리꽃
바람 한 바구니

혹시나 휴식이
필요하신 분 계시면
연락주세요
무료입니다

배낭 열어 꼭 눌러
잔뜩 채워 짊어지고
오늘도 난 바람의 끝에서
서싱입니다

그 가을

다람쥐의 양식이 부족하다고
도토리를 주어서는 안 된다고
그렇게 말해 주시면서
당신은 도토리묵을 만들어
식탁에 올리시던
울 엄니의 지난 그 가을

세상사 어렵고 힘들다 하여도
가난은 죄가 아니라며
이른 새벽에 눈 뜨시어
일터로 향하시며 투덜대지만
언제나 따뜻한 겨울 양말을
미리미리 준비해 주시던
그 가을

하늘 한 번 후르륵
창문 소리 후르륵
그 가을이 왔습니다
또다시

꽃가게

마음이 우울하여
기쁘고 싶을 때
하늘이 너무 예뻐
사랑하고 싶을 때'

바위틈 키 작은 들풀들이
서로 예쁘다고 노래 부를 때
내 마음과 통하여
빼꼼히 두 눈을 비빌 때

나도 몰래 발길이'
꽃가게 앞에서
서성입니다

섬의 생각

하늘에게도
마음씨가 있고
바다에게도
마음씨가 있답니다

바람에게도
마음씨가 있고
파도에게도
마음씨가 있답니다

해아란 건너
작은 저 섬에는
날이면 날마다
낚시꾼들의 욕심으로
섬이 슬퍼하며
눈물짓습니다

섬을 둘러싼 바다
바다를 의지하는 작은 섬
오늘은 곁에 살고 있는
갈매기 식구들이 둘러 모여

중대한 회의를 엽니다

누구에게나 한 가지씩
가지고 있는 마음속에
좋은 마음씨를 심어 준다는
약속을 합니다

이미숙 시집
소소한 하루

2020년 10월 05일 초판 인쇄
2020년 10월 10일 초판 발행

지은이 / 이미숙

발행인 / 강병욱
발행처 / 도서출판 교음사

03147 서울 종로구 삼일대로 457 수운회관 1308호
Tel (02) 737-7081, 739-7879(Fax)
e-mail / gyoeum@daum.net
등록 / 제 2007-00052호

* 잘못된 책은 바꾸어 드립니다. 값 10,000 원

ISBN 978-89-7814-797-2 03810